오늘의문학시인선 368

네가 시인이라 하니

리헌석 시집

오늘의문학사

국립중앙도서관 출판시도서목록(CIP)

네가 시인이라 하니 : 리헌석 시집 / 지은이: 리헌석. -- 대전 : 오늘의 문학사, 1986 (2016 3쇄)
p. ; cm. -- (오늘의문학시인선 ; 368)

ISBN 978-89-5669-740-6 03810 : ₩8000

한국 현대시[韓國現代詩]

811.62-KDC6
895.714-DDC23 CIP2016005557

네가 시인이라 하니

30년 만에 돌아보는 세상

문학청년을 자처하며 독자의 삶에 충실하기로 다짐하던 세월이 있었다. 그러던 중 문우들 5명이 모여, 1976년에 문학동인회 '도가니'를 창립하였다. 대부분 6.25 동란의 와중에 출생한 사람들이어서 금세 뜻을 같이하였다.

그 다음해 1977년에 동인지 〈도가니〉 창간호를 발간하여, 한국 문단의 주목을 받았다. 당시 문단은 지역적 대표성을 띠던 분들이 계셨던 때라, 훌륭한 선후배 문인들의 격려로 동인지는 해마다 발전하였다.

1970년대에서 1980년대로 진행되는 시대적 상황은 녹록하지 않았다. 한때는 동인지 원고를 들고 시 · 도청을 찾아 육군 중위에게 검열을 받아야 발간할 수 있었다. 대학생은 물론, 지식인을 비롯하여 대부분의 시민들이 데모대를 따르며 호응하던 시기였기에, 문학작품들에서도 당대의 아픈 세월이 담겼다. 때로는 직설적으로, 더러는 비유나 상징의 옷을 입혀서 시대상을 반영하였다.

이 시집의 작품도 대부분 힘든 세월을 살아내는 서민들의 삶을 비유와 상징으로 표출한 것들이다. 나는 반정부의 기치(旗幟)를 높이 드는 대신, 힘겹게 살아내는 어려운 이웃을 작품에 담으려고 노력하였다. 어느 시대인들 아프지 않은 사람이 있을까만, 가슴 먹먹한 서민들의 삶, 몇몇은 가슴앓이로 쓴 작품이다.

시대의 아픔을 담아낸 「청청나무 헌사」 「겨울 미나리」 「미장원에서 본 솔제니친」 「급류」 「선인장」 「백서」 「석성」 「거미줄 아래에서」 「나팔을 불며」 등을 통하여 정의롭고 자유로운 세상이 되기를 소망하였다. 아프고 힘든 삶을 노래한 작품들은 사실성 · 서사성을 갖추느라, 일부 작품에서 길이가 길어졌다. 「몬테토로보 비망록」 「천사의 세월」 「마사니투정기」 「서산촌로 별사」 등이다. 이들을 세상에 내놓기 위해 때로는 눈물로 밤잠을 설쳤다.

1986년에 1쇄를 발간한 시집이다. 시대상황과 맞았던지 바로 2쇄를 발행한 후, 30여 년간 잊혀온 시집을 새삼스럽게 내놓는다. 흘러간 시대상을 다시금 되새겨 보자는 생각이지만, 나만의 작은 욕심이지 싶다.

2016년 3월에 저자

■ 序詩

詩여, 사랑이여

참으로 알 수 없는 여자였네.
그녀를 멀리서 보다가
그녀의 손목을 잡다가
그녀의 머릿결을 쓰다듬다가
그녀의 숨소리를 듣다가
그녀를 덥석 안았다가
그녀의 입술을 탐하다가
그녀의 모든 것을
가진 것 같은 착각으로 살다가
가진 것이 하나도 없음을 알고는
어허, 놀래라 부끄러워라.

그녀의 손은 안개였네,
잡은 듯 잡히지 않았고.
그녀의 숨소리는 자장가였네,
들린 듯 들리지 않았고.

그녀의 입술은 꽃술이었네,
달콤한 듯 달콤하지 않았고.
그녀는 그냥 아지랑이었네,
눈 감아도 뚜렷이 나타났다가
눈 뜨면 어디론가 사라지는
참으로 알 수 없는 그녀를 위해
내 수고하는 손을 주고
내 불타는 눈을 주고
내 뜨겁게 뛰는 심장까지 주고
옹달샘 깊은 데서 솟는
사랑의 모두를 바치리니.

살아나라, 살아나라
나의 여자여, 또한 아픔이여
일어나라, 자유여, 시혼이여.

1986년 8월 石琶 書室에서
리 헌 석

차례

1부 몬테토르보 비망록(備忘錄)

2부 서산촌로 별사(別詞)

3부 마사니 투정기

4부 느티나무를 심으며

1

몬테토르보 비망록

그들의 성난 눈물이
시냇물이 되고
강물이 되어
언 사슬을 풀어 헤치는
그런 꿈을 꾸는가.

청청(靑靑)나무 헌사(獻辭)

꺾이어 수렁에 버려져도
질기디 질긴
말뚝으로 남겠다.

깎을수록
날이 서는 말씀으로
바람의 골짜기에 송두리 박히겠다.

퍼붓는 소낙비
밀리는 물사태를 막으며
찢어지는 봇둑을 지탱하며

다시 한 번 살기 위해
끝끝내 살기 위해
심장의 터럭까지 뿌리로 내리겠다.

겨울 미나리

얼음장 밑에서도
미나리는
살아 있었다.
얼음장을
떠밀고 나올 수는 없어도
깨뜨려 부술 수는 없어도
두 눈을 홉뜨고
새날을 기다리고 있었다.

매섭게 몰아치는
따가운 바람이
산이며 강이며 숲이며 들판의
살아있는 모든 손들을
붙들어 매는
삼동설한에도
깊은 곳에 묻어둔
생명의 불씨는
간직하고 있었다.

머리끝에서부터 엄습하는
공포의 순간마다
그래, 떨리는 순간마다
단두대의 이슬로 사라졌다는
루이 16세의
얼룩진 얼굴을 떠올리며
그의 압제에 울던
지순한 깃발들을 보는가.

그들의 성난 눈물이
시냇물이 되고
강물이 되어
언 사슬을 풀어 헤치는
그런 꿈을 꾸는가.

오페라 가수를 기다리며

수모의 밑바닥
두텁게 쌓인 눈물을
말끔히 씻어주던 오페라 가수가
어디론가 종적을 감추었다.
그의 이름이 바람 되어
그의 몸짓이 소리 되어
어지러운 세상의 등불이 되어
이명으로 울리더니
어둠을 쓸어대더니.
그대, 그대, 그대
혼을 부르는 음계로 외쳐도
그대의 발꿈치는 보이지 않고
갈잎을 흔들던 달빛만
나목(裸木) 빈 가지에 숨더라.
그래도 못 잊어 그대를 찾음은
엉킨 마음 자락이 있음이니,
하는 일마다
부서진 자유가 출렁이고
보는 일마다
속박의 눈시울이 여울져서

절절한 그대 음성을 기다림이니,
이제는 그대여
숨긴 머리칼을 내놓고,
손가락 잘린 벙어리
그 아픈 비명이라도 좋으니 그대여
승천하는 음계의 날개를 달고
꿈결로 살아나라,
꽃눈으로 피어나라.

미장원에서 본 솔제니친

한 번 쯤은 웃을 일이다.

바꾸고 싶은
온갖 터럭의 터럭까지
바꾸고 싶은 날이면
어김없이 찾아오는 솔제니친

볕은 곧게 서지만
또아리로 조이는
어둠의 짙은 촉수가
금간 성벽의 난간에 어른댄다.

한 번 쯤은 울 일이다.

급류(急流)

뿌리 뽑히는
투명한 아픔이다.

상식의 저 편
부딪치는 개성

뼈 마디마디
으스러지는 울음

선회하는 솔개는
마냥 한가롭다.

가부좌(跏趺坐)

세상을 바라보았다.
부처님을 따라
가부좌를 하고 바라본 세상은
정말 재미있는
바로 요지경 속이었다.
부처님이 왜
실눈을 뜨고 세상을
잔잔하게 웃으며 세상을
바라보시는지 알만했다.
누구랄 것도 없이
사해동포가 한결같이 웃기는
그런 소용돌이 속에서
배꼽을 잡고 흰 이를 드러내며
허허롭게 웃을 수는
정녕, 그럴 수는 없는 일이다.
미친년 비속에서
까무러치게 웃듯이,
속이며 속으며
술잔을 기울이는 놈들처럼
그렇게 웃을 수는 없는 일이다.

부처님을 따라
가부좌를 한 채
부처님이 왜
커다란 귀를 열고
세상의 덧니 난 소리를
듣고 있는지 알만했다.

사냥군 김씨기(金氏記)

그토록 모지락스럽던 김씨의 가슴에도 얼음은 녹고, 새끼 노루 한 마리를 데리고 온 후로는 어둠의 앙금이 풀리고 상냥한 미소까지 여유를 나누며, 흐릿했던 눈망울에 햇살을 담고 있더니라.

사냥꾼 김씨는 총을 쏘지 않았고, 활을 쏘지 않았고, 창이나 칼로 정면대결하지 않았더니라. 수많은 짐승이 김씨의 속임수 때문에, 수많은 새들이 주도면밀한 속임수 때문에, 체온을 앗기고 무너지는 신음소리를 토했더니라.

앞산 뒷산을 오르며 토끼의 발자국을 보고, 토끼의 동그란 배설을 보고 올무를 놓았더니라. 올무에 걸린 토끼는 살기 위해 발버둥치고, 발버둥을 칠수록 조이는 가운데 내려앉는 하늘을 보게 되었더니라.

겨울, 눈 쌓인 겨울이면 콩알마다 구멍을 뚫고 그 속에 청산가리를 넣었더니라. 밤새 어둠침침한 방에서 꿩의 심장에 구멍을 뚫었더니라. 그의 발자국마다 꼬부라진 신음소리가, 푸드덕거리는 날개의 절규가 줄을 잇고 있더니라.

노루나 오소리, 사슴은 나무를 엮어, 돌을 얹은 다음 그들의 배고픈 이빨이 칡넝쿨 빗장을 뜯게 하여 그야말로 피투성이 아수라를 연출하더니라. 그의 손마다 머리끝마다 아수라의 쇳소리가 들려도, 그는 살아있는 자, 승리의 잔을 드높이 들더니라.

그토록 모지락스럽던 김씨가 우연히도 기가 막힌 우연으로 어미 찾는 새끼 노루의 처량한 노래와 만나고, 그의 품을 파고드는 물젖은 눈동자에 그의 투박한 인정이 살아나고, 약육강식의 비겁한 비린내가 사나사나 씻겨버렸더니라.

오늘도 우리 마을 김씨는 새끼 노루에게 줄 청초한 사랑을 준비하면서, 주어도주어도 모자랄 사랑을 준비하면서 엉킨 인연의 끈을, 과거의 아픈 매듭을, 그는 매만질 것이지만 어느 것이 그의 실체인지 눈을 떠도 감아도 몰라라. 그의 본심이 언제 다시 도질지 나는 떨어라.

마하트마 간디의 선인장

메마른 흙에 뿌리 내린
선인장을 주웠습니다.
몇 날 며칠을 두고
물 한번 주지 않았는지
방글라데시 난민촌서 죽어가는
새까만 아이의
비틀린 팔과 다리가 보였습니다.
꺼지는 생명의 불씨 앞에서
구세주의 복음을 떠올려 보며
먹을 것 입을 것을 걱정 말라시던
구세주의 깊은 뜻을 가늠해보며
구할 입이 없는 선인장
두드릴 손이 없는 선인장
찾을 눈이 없는 선인장의
기력 없는 부르짖음을 만졌습니다.
내 투명한 인정의 바람소리
그 확고한 삽날의 신념이
살아나서 꿈인 듯 되살아나서
물주워 가꾸었습니다.
다 죽어가던 뭉치에서

푸릇푸릇 함성이 살아나고
마하트마 간디의 조용한 걸음걸이,
예리한 송곳의 정신력이
윤기를 찾아 일어나고 있었습니다.

족적(足迹)

어둠의 늪에
하얗게 눈이 내리면
발목을 묶고 우리 둘은
세 개의 발자국만 남긴다.
묶였는지 풀렸는지
어두워 알 수 없지만
삼동 내내 조이는
차가운 촉수.
발에서 몸으로
서슬 푸르게 떨리고
상한 이빨 하나
딱딱 울리는 금속성.
결박이 풀려도
세 개의 자국은
너와 나의 것이 아니다.

석성(石城)

이끼 푸른 돌 하나에 땀방울이 엉깁니다. 물집으로 부르튼 석수(石手)의 앙상한 손바닥이 드러나 춤추는 잡목림 굽이마다 피멍울 맺힌 목도군 살가죽 벗은 어깨뼈가 일어섭니다. 백제(百濟)의 우울한 상처 속에서 아직도 들려오는 말발굽 소리가 함성으로 불타고 있습니다.

물결 이는 맥박이 뜨거운 가슴을 식히며 면면히 넘치는 천년을 지키는데 돌과 돌 사이 부서진 혼백이 외칩니다. 잘려진 손가락이 여기 있다. 찢어진 손바닥이 여기 있다. 깨물린 울음으로 사직(社稷)만을 우러르던 왕국(王國)의 추운 백성들이 깃발을 올립니다.

백서(白書)

고양이 목에
방울을 달지 못한 조상이
너무나 부끄럽습니다.
어둠이 있어서
대낮에도 달아날 수 있는
미궁이 있어서
그냥 저냥 살았습니다.
이제 위대한 생쥐의
새로운 면목을
깃발로 흔들겠습니다.
까만 점으로 떠 있는 독수리
그 앙칼진 갈기에
방울을 달겠습니다.

깨어보니

어디서 그렇게 왔는지
새벽을 흔드는
참새떼

짹 짹짹
짹짹 짹짹짹
짹짹짹 짹짹짹짹
짹짹짹짹 짹짹짹짹짹짹

꼭 한 마리
이상한 그물을 피하며
쯧쯧 울었다.

4월의 벽(壁)

초랑한 눈망울이 만나서
서툰 손길이 어설프게 웃는
김씨 할아버지네 담은
만듦과 부서짐의 우주가 있어
질경이보다 질기게 아이들이 모인다.

아무리 지우고 문질러도
내일이면 다시 얼굴을 내미는
새로운 생명이 있을 텐데
부처인지 바보인지 모르게
연방 지워대는 김씨 할아버지.

지난 얘기는 말끔히 허물자는 거겠지
구획 그어진 선에서 살다가
메마른 문명 앞에
주눅 들어 숨 죽여 살다가
마음껏 휘파람이나 불라는 거겠지.

빛살이 쓸리듯이 다 지우고 나면
밟아도 멍들지 않는 힘으로

아이들은 다시 조잘대며 낙서하리라,
지워질 것들을 위하여
지워져 윤곽이나 남을 것을 위하여.

항변

새가 싸우는 소리를
모두 들었다.
그들의 뽑힌 털 부스러기에서
진하게 채색된 오기도
모두 보았다.

아무려나 옳은 놈도 있고
그럼, 그른 놈도
세상에는 있기 마련인데
재재발리며 싸우는
새들의 부리 찢음.

그들 차가운 관계는
그들 뜨거운 분노는
어둔 장막 속의 천지에서도
모두 밝게 보이지만
이 몸이 벙어리라서
듣고도 말 못하는
보고도 말 못하는
어둔한 벙어리라서

한 쪽 손 북채가 되어
둥둥둥 울려나 보고
남은 손 징채가 되어
징징징 울려 보는데
하늘에는
솔개가 떴다.

푸른 하늘에는
비잉빙 살기가 돈다.
말못하는 벙어리 가슴에는
답답한 그들의
청청한 잎사귀가 떨어진다.

입동기(立冬記)

겨울의 어귀에서
발을 동동 구르는
나뭇잎들이 있다.
어깨를 잔뜩 움츠린
나뭇가지들이 있다.
오갈 데 없이 거리에 선
나무둥걸이 있다.

언 손을
녹이기 위해
언 가슴을
눈물처럼 적시기 위해
불을 지펴야 하느니

봄이 올 때까지는
너와 내가
불씨여야 하느니

풀꽃의 밤

낯선 얼굴이 다가온다.
점
점
크게

눈가림의 깃발이 오른다.
점
점
높게

어둠의 자락이 펄럭인다.
점
점
강하게

몬테토르보 비망록(備忘錄)

숨결인 듯 무지개가 섰다.
눈물보다도 눈부신
가슴보다도 더 따뜻한
여호와의 영광을 위하여,
먹을 것 입을 것을
걱정 말라시던
사랑의 여호와를 위하여,
너희를 지키리라시던
목자인 여호와를 위하여,
새들은 둥지 위에서
짐승들은 숲에서
은총의 빛살을 가르며
기쁜 노래를 불렀다.
하늘에는 여호와께 영광
땅에는 살아있음의 평화
찬양의 목소리가
무지개로 곱게 떠 있다.

경외의 찬양이 여울져 흐를 때, 전지전능하신 하나님은, 하나님의 능력을 피조물에게 보이고 싶었느니라. 섭리 안에

살면서 섭리를 보지 못하는 개미며 지렁이며 말똥구리며 땅을 기어 다니는 조그만 벌레들과, 토끼며 양이며 고슴도치며 숲을 뛰어다니는 짐승들과, 비둘기며 까치며 메추라기며 산에서 사는 산새들과, 그의 형상을 닮았으면서 그를 모르는 인간들과, 그의 영토 안에서 살면서도 그를 대적하는 마귀떼에게 그의 능력을, 그의 기적을, 그의 영험한 신통력을 보이고 싶었느니라. 그리하여 그는 그가 가장 아끼고 사랑하는 몬테토르보 산을 번쩍 들었느니라. 아무리 힘이 센 삼손인들 어찌 산을 들 것이며, 역발산기개세를 자랑하는 항우인들 기실은 어찌 산을 번쩍 들었으리오만, 그러나 하나님은 그의 손끝으로 지은 산을 번쩍 치켜 올렸느니라. 오로지 그의 능력을 보이기 위하여, 그 산에서 사는 작은 생명은 아랑곳하지 않고, 눈을 찡끗 감고, 사랑하였노라는 뒤처진 메아리에도 두 귀를 막고, 가슴에서 분출되는 후회의 핏빛도 감추고 산을 번쩍 들어 올렸느니라.

어쩌란 말입니까.
당신이 주신 땅에서
젖과 꿀이 흐르리라 약속하신
그 땅에서 사는 우리는

어쩌란 말입니까.
당신이 키운 나무 둥치에 있는
아아라한 둥지의 알.
당신이 키운 나무 둥치에 있는
뽀오라한 새끼새는
어쩌란 말입니까.
당신이 주신 생명이라 하더라도,
당신이 거두실 생명이라 하더라도,
우리는 날아가
다른 땅에서 새 보금자리
새 터전을 잡아 산다고 하더라도,
우리의 알
귀여운 우리의 새끼는
어쩌란 말입니까.
살려주십시오.
살려주십시오.
우리를 살려주십시오.

들어 올린 산에서 푸덕이며 날아오른 새들이 애소하는 소리가 귀밑수염을 흔들어도 막아버린 하나님의 귀에는 흩어지는 바람소리로도 들리지 않았으리니, 그들의 호소가, 그들의 외침이, 그들의 간절한 하소연이 소낙비 쏟아질 때 흩날리는 먼지만도 못하였느니라. 사실 위대한 하나님의 섭리 안에서야, 새들의 알쯤이야, 새들의 새끼쯤이야, 있다가도 없고, 없다가도 있을 하잘 데 없는 것일는지도 모르지만, 새들의 떨어지는 가슴조각이야 그럴 수는 없을지니라. 무너지는 가슴 벽을 붙잡으며, 힘겨운 날갯짓을 계속하며, 가라앉은 목청을 드높이며 새들은 울었느니라. 애소했느니라. 그러나 그들의 능력으로는 어쩔 수 없는 치기 어린 하나님의 오기 앞에서 그들은 그들의 눈물만을 보일 뿐이었느니라. 그들에게 더 큰 힘이 주어졌던들, 그들은 하나님의 팔이며, 다리며, 아니면 눈이며, 코며, 입이며 심장을 그냥 두지는 않았을 것이지만, 그들은 그냥 울 뿐이었느니라. 그들의 눈물이 보이지 않고 그들의 울음소리가 들리지 않은 하나님은 몬테토르보 산을 바다에, 만경창파 깊은 물에 던졌느니라. 집어 던졌느니라.

떨리는 가슴을 모르십니까.
살고픈 이 마음을 모르십니까.
당신의 터전에서

파란 풀을 뜯으면서 살았는데
붉은 꽃술을 따먹으면서 살았는데
푸른 바다 어느 구석에
풀이 있습니까.
꽃이 있습니까.
목 축일 옹달샘이 있습니까.
당신의
참모습을 보이는 것이야
우리야 어쩔 수 없지요만,
산에서 나고
산에서 자라고
산에서만 살아온 우리를
바다에 수장하는 것은
어떤 뜻입니까.
정말 어떤 뜻입니까.
살려주십시오.
살려주십시오.
우리를 살려주십시오.

벌레며, 짐승들이 외치는 악다구니와 발버둥에도 하나님은 무심하게 태연히 웃었느니라. 너희를 수장시킴은 나의 큰 섭리니라. 너희를 죽임은 나의 큰 뜻이니라. 너희가 여지껏 무엇을 먹고 살았느뇨. 너희는 공기와 물만 먹고 살았느뇨. 살아있는 나의 말씀을 먹고 살았지 않았느뇨. 내 풀을 먹고, 내 꽃을 먹고, 내 땅에서 살아온 너희를 나는 또 다른 내 백성에게 먹이로 줄 뿐이니라. 바다의 내 백성이 얼마나 좋아하겠느뇨. 그들의 주린 창자는 얼마나 풍성하겠느뇨. 하나님의 위대하시고 무변광활하심이 이럴진대 벌레며 짐승들이 말없이 잠길 뿐이니라. 어떻든 하나님은 코막고 귀막고 눈감고 그의 기적을, 그의 능력을, 그의 영험한 신통력을, 새들이며, 벌레며, 짐승이며, 사람이며, 그의 적 마귀에게, 몬테토르보 산을 바다에 던짐으로 과시했느니라. 이제 이 세상에 그의 뜻을 거스릴 자, 대적할 자가 누구겠느뇨. 과연 어디 있겠느뇨. 하나님의 만족한 웃음이 허허허 바람처럼 사라질 때, 그러나, 그러나, 힘만으로는 세상을 다스릴 수가 없다는 그의 또 다른 말씀이 칼날을 갈고 있음을 아무도 몰랐느니라. 짐작조차 할 수 없었느니라.

숨결인 듯 무지개가 섰다.
영롱한 물결 사이
파도는 이랑을 짓고
한가로이 갈매기가 떠 있다.
하늘은 티 없이 푸른데
끝없이 청청 맑은데
비어 있는 한 구석
태고적 웅어리가 들려온다.
『거룩하다 거룩하다 거룩하다
만군의 여호와여
그 영광이 바다에 충만하도다』
『여호와는 선한 목자시니
한 백성을 살리시기 위해
다른 백성을 잡으시도다』
지칠 줄 모르는 웅어리가
무지개로 곱게 떠 있다.

* 몬테토르보 : 하나님이 기적을 발휘하기 위하여 바다로 던져버린 이스라엘에 있었던 산 이름.

2

서산촌로 별사(別詞)

그런 것들을
너는 사랑해야 하느니.
사랑하다, 사랑하다
정말로 사랑하다 죽더라도
너는 그런 것들을 사랑해야 하느니.

거미줄 아래에서

비 갠 골목 하늘에
거미줄이
세월의 굽이를 엮은 채
버티고 있었다.
청산(靑山)의 바람이
청청(靑靑) 푸른 바람이
그 사이를 빠져 나가
도회 검은 연기를 흩날리는
시원한 날갯짓이 보였다.

거미는
카랑카랑한 눈빛으로
빈 가슴을 겨누며
기다리고 있었다.
보이지 않는 눈물로
오늘도 한숨을 조이는
젊은 나비는 없는가.
손톱발톱 닳는 노동으로

지친 깃발을 흔드는
꿀벌은 없는가.
그들이 바라보는
골목 하늘에
상큼한 색깔로
천상(天上)의 궁전을 세우고
빛나는 구슬로 치장하는
어둠의 저편에서
이빨 가는 웃음소리가 들렸다.

어느 선지자(先知者) 있어
“위험!”
새빨간 표지판을 세웠으나
아무도 보지 않았다.
가는 자가 위험하냐?
둘러보는 자가 위험하냐?
서있는 자가 위험하냐?
돌아가는 자가 위험하냐?
아무도 생각하지 않았다.

내 장대를 마련하여
거미줄을 치우리니
짧은 사랑을
길게 이어
약한 마음을
굳게 동여매어
단단한 장대를 들고
비 갠 오후
영롱한 거짓을 부수며
한 쪽 끝서부터 차례로
거미줄을 걷어 내리니,
그리하여
산녘의 산바람이
강녘의 강바람이
휘돌아 넘쳐도 좋을
환한 노래의 길을 약속하리니.

천사의 세월

괴로운 진실이었을라.
진실이 감추어진 채
남보다 부끄러운 탈을 쓰고
거짓된 숙명의 화환을 쓰고
속으로만 불을 지핀
사이토 유키오는
한 마리 산새가 되어
한 마리 물새가 되어
푸른 하늘을 날고 싶었을라.

그의 이름이 세상의 창문을
온통 덮어 씌우고
그의 얼굴이 세상의 빗장을
먹빛으로 만들어
그냥 죽고만 싶었을라.
살고 싶어서 그는
그냥 죽고만 싶었을라.

봄이면 영혼의 숲길을
가벼이 거닐었을라.

여름에도 벌거벗은 몸으로
해변을 뛰어다녔을라.

겨울, 겨울의 눈부신 백광에도
그의 눈은 생명의
더욱 진한 울음을 찾았을라.
사방이 막힌 구석에서
마음뿐으로 자유로왔을라.

비바람에 나무가 부러지고
부러진 둥치에서
새순이 돋는,
지나온 세월이 꺾여지고
꺾인 매듭에서
새 삶이 움트는
그런 내일을 바라면서
저미는 아픔을
툴툴 털어냈을라.

털어도, 털어도
건져 올린 27년의
더러운 때는
씻겨지지 않았을라.
물로 헹구고
방망이로 마구 두드려
힘주어 빨아도
그의 심중 겹겹 얼룩은
빠지지 않았을라.
지워지지 않았을라.

얼룩진 하늘을 보면서
시방 세상에는
얼마나 많은 달개비꽃이
빛에 가려 있을까,
그늘의 늪에 갇혀 있을까,
고개 숙여 되물었을라.
얼마나 많은 종달새들이
밝은 소리의 뒷켠에서

시들고 있을까

그는 고개 숙여 되물었을라.

* 사이토 유키오 : 일가족 4명의 살인범으로 몰려 대법원에서 사형 선고를 받고 27년간 억울한 옥살이를 하다가 1984년 7월 무죄로 풀려난 일본인. 출옥 당시 그는 53세였다.

새삼을 걷어내며

비탈밭에 콩을 심었다.
아침 저녁으로 또는 새벽으로
오가며, 땀으로 거름 주며
자식처럼 가꾸는데
잎도 없는 새삼이 콩포기를
칭칭 동여매고 있었다.
시집간 딸네
새집난 작은 아들네
알알 영근 콩 줌이나 주고
메주나 한 보따리 보내렸더니
빌어먹을 새삼이
콩밭을 마구 버려서
그들의 물젖은 눈시울이
주저앉고 있었다.
잎이며 줄기며 가리지 않고
목을 조이는 새삼을,
새삼의 못된 싹을
두둑두둑 걷어내며
가슴에 북받쳐 오르는
또 다른 분노를,

어줍잖은 인간들이 저지르는
또 다른 아픔을
뜰어내야만 했다.
수많은 일들이
세상에는 일어나고
새삼처럼 뒤덮어 버리는데
그들을 걷어낼 사람은 누구인가.
새삼을 걷어내듯
두두둑 마구 걷어내듯
더러운 촉수를 뜯어낼
우리네 미쁜 님은
과연 어드메 오고 있는가.
목마른 하늘만 우러러 보았다.

* 새삼 : 메꽃과의 하나. 잎이 없는 줄기로 된 기생식물로 다른 식물을 칭칭 감고 삶.

항아리를 깨고

물빛 푸른 항아리가 깨져서
견고해야 할 마음까지
덩달아 터져 버려서
채울 수 없는 빈 가슴이 되었는가.
생각대로라면
와싹 밟아 버리고도 싶고
망치로 두들겨
가루나 풀풀 날리고 싶지만
할아버지의 뜨거운 숨결이
되살아 날 것만 같아
할아버지의 그 할아버지의
묵향 짙은 시선이
자꾸만 살아나서
조각조각을 맞추어 보는가.
이미 깨진 항아리야
어쩌면 설 곳조차 없는
낯선 바람이지마는
삶의 손때가
사금처럼 반짝이고 있어서
끈끈한 역사의 그림자가

시드는 꽃처럼 서글퍼서
붙잡아 울고 있는가.

네가 시인이라 하니

너는 알아야 하느니.
세상의 모진 등허리에서
굽이치는 바람
그 바람의 허세를 맞으며
눈감고 사는 이유를
너는 알아야 하느니.

뿌리의 뿌리까지 내려가서
생각할 일이 아니라
고구려 터지는 말발굽을 말하기 전에
서라벌 꽃사내를 말하기 전에
황산벌 싸리나무를 말하기 전에
그래, 그 고려
썩은 뼈다귀를 말하기 전에
왜놈들이 드나들던
조선의 밑빠진 하수구를 말하기 전에

그 자리를 둘러보라
네 이웃의 가난을 보라

네 이웃의 슬픔을 보라
네 이웃의 억울함을 보라
네 이웃의 죽음을 보라
그들의 체온에서 비롯된
그들의 보이지 않는 손짓이
무엇을 가리키는지
무엇을 요구하는지
너는 알아야 하느니.

세상의 찢어진 창호지에
얼비친 그림자
언뜻언뜻 살아나다 지워지는
댕기꼬리 같은 거
공연한 심술 같은 거
애태우는 봄바람 같은 거
그러다가 독사 대가리로 변하는 거

그런 것들을
너는 사랑해야 하느니.

사랑하다, 사랑하다
정말로 사랑하다 죽더라도
너는 그런 것들을 사랑해야 하느니.

밭갈이

코뚜레에 감기는 어눌한 현기증이 순종의 붉은 멍에자리 서글픈 하소연으로 두 눈을 부릅뜨는데

겨울안개를 풀며 청청 애끓는 소리로 퍼질러 우는 갈가마귀 아픈 몸짓마다 살아오르는 불티

바람에 날리는 수숫단 마른 등걸에 어제의 깃발이 솟는데, 찍혀 나온 함성이 눈물에 명멸하는데

시퍼런 손사래를 묻으며 깊게 패인 고랑마다 쟁깃날에 찍혀 나오는 다부진 뿌리의 피 터지는 아우성

나의 우주(宇宙)

아침 출근길에 만났던
붕어 장수
어슬녘 퇴근길에서 다시 만났다.
숨 막힐 듯한
오늘의 비닐 주머니 속에
노니는 비단금붕어,
모래톱에
무지개 같은 발을 내려
고향의 꿈을 꾸는가.
어슬녘 퇴근길에서 만난 어제의
밤을 헤매던 비단금붕어
아침 햇살에도 영롱한 태깔이
조금쯤 바래 보였다.

불면의 푸른 잎

가슴마다 드리운
숱한 그림자의 자락들
크고 작은 쐐기가
쇠망치의 엉덩이에서
안절부절 못한다.
텅 빈 서랍들이 웅성거릴 때
신화의 언덕에 도전하는
야생마의 처녀출전이
벽을 허물며
귀신 딸꾹질하는 소리로
방고래 속을 헤집어도
올가미는 다시 씌워진다.
반으로 갈라진 아픔에
분신의 콧잔등을 쥐어박다가
붉게 멍든 장미가
뻐꾸기 울음
실체의 파편을 찾아
생각의 서랍이 열리고 닫히며
새벽은 열차처럼 지나고 있다.

한 여름에

한 여름에 찾아 본
바다는
시골 장터더군.
정말 오랫동안 소식도 없이
움츠렸던 젊음이
소주 컵 속에서
그 방울소리를 내며
쏟아져 나오던 걸.
닭모가지와 발목이
벌겋게 데쳐져서
꼬꼬댁 꼬꼬댁 소리를 내며
마구 달리던 걸.
아, 그런데 세상은 모두
게가 되었더군.
옆걸음으로 눈을 감추었다 뜨고
물고 늘어지던 걸.
한 마리 게 수놈이 발광해
배꼽을 열고 달리던 걸.

겨울잠을 깨며

부지런한 안개는
헛소리 쌓이는 강둑에서
일어나라, 일어나라 까칠하게 외쳤다.
마른 목젖을 축이지 못하여
아물지 않은 상처인가,
원심력으로 비상하는 순수한 육성인가,
보채는 아픔만큼씩
허기져 시든 뿌리 없는 손짓.
사랑의 늪에서
바람의 무게만큼 가라앉는
매몰된 늪에서
살며시 눈뜨는 버들개지가 피리를 불고 있다.
눈을 떠라, 이제
겹겹 껍질을 모조리 벗고
오늘의 복판에서
오롯하게 피어난 화심(花心)을 보아라.
낯선 땅을 일구며
까맣게 영근 함성의 씨앗을 보아라.

나팔을 불며

빙벽(氷壁)으로 굳어진
너의 가슴을 허물기 위해
오늘도 나는
나팔을 불었다.

두 입술을 통하여
뚜뚜 뚜뚜뚜 퍼지는 함성이
우거진 수풀을 지나
갈대 스잔한 하구(河口)를 지나
바람인 듯 물결인 듯
너의 가슴을 적시고 싶었다.

나팔소리는
퍼붓는 소나기로 흘러 넘쳐서
지하(地下) 어느 동굴에 갇힌
성삼문 겨드랑이도 간질이고,
간지럽히고 깨워서
그의 입김이 돌 틈을 비집으며
무지개로 솟아오르게.
그의 칼선 노래가

언 땅을 파헤치는
곡괭이 힘찬 가락이 되게
나팔의 허리를 움켜쥐고
입술을 부풀리며 불어댔다.

그러나 어이 하리
지친 나팔소리가
지척에 쏟아져
내 한 몸 하나 정도 흥건히 젖는
절망의 외마디 소리인 것을
힘주어 불어도 천상(天上)의 문은
열리지 않고
막힌 벽을 뚫지 못하는 것을.

문을 열어야 하리
가슴을 크게 열어야 하리.
나팔소리가 들리거든
육중한 자물쇠를 풀고
맨발로라도 나와야 하리.
나와서 겹겹 쌓인 일상의 파편을

탁탁 털어야 하리.
생명이 살아나는 소리를
네 가슴에 접합(接合)하려면
눈을 크게 떠야 하리.

말린 무처럼 힘없는
너의 깊은 상처를 위하여
오늘도 나는
기도하듯이 나팔을 불었다.
율조(律調)는 흔들렸을망정
꺼질 듯 꺼지지 않는 믿음으로
먼 바다 외딴 섬
낯모르는 어린이를 생각하며
깊은 계곡 어느 산막에서
별을 헤는 어린이를 생각하며

나팔을 불다가 힘들면
쉬었다 불었다.
가도 가도 끝없는 길을 나서듯이
한가로이 불었다.

마음이야
풍경소리도 듣고 싶어라
교회당 종소리도 듣고 싶어라
그러나 너의 눈동자에 맺힌
끈끈한 원망(願望)을 떠올리며
배냇힘으로 불었다.

나팔소리를 듣다가
끊어질 듯한 가락이 나서거든
내 힘이 다한 줄 알게.
전봉준 녹두장군이 아닌 다음에야
임경업 우람한 어깨가 아닌 다음에야
어이 끊어지지 않는
나팔소리를 내겠나.
굽이치는 물결도 잠잠해질 때 있고
영웅호걸의 외침도 눈빛도
허수아비일 때가 있는 법이네.

그래도 나팔소리가 신나거든
4월인 줄 알게.

꽃분홍 진한 울음이
산마다 뒤덮인
그래 그 꽃그늘에서
춤을 추는 나팔소리가
네 언 가슴을 녹이거든
참지 말게
콸콸 쏟아지는 눈물을
막지 말게

퇴색한 매듭을 풀며
헝클어진 매듭을 풀며
울리는 소리는
지하(地下)에서나
아니면 천상(天上)에서나
뚜뚜 뚜뚜뚜 핏줄의 고동이
달무리처럼 퍼져 나가
나는 나를
그리고 너는 너를 찾아라,
소리지르리니.

눈 감은 자 보리라
귀 먹은 자 들으리라
앉은뱅이 너는
그 자리 훌훌 털고
나팔소리에 맞추어
춤이나 추어라.
훙얼훙얼 춤이나
얼레 얼싸 추어라.
가득 채운 새 잔을
높이 들어라.

오늘도 나는
찌그러진 상자에 앉아
나팔을 부노니.
울리지 않는 나팔을
원망하지 않고
두 입술을 모아
힘주어 부노니.
울려라 울려라 울려라
눈물 범벅 콧물 범벅으로
목줄 세워 부노니.

여물을 썰며

버걱 같은 손으로 대어주는
볏짚의 세월을 자르며

천둥번개에 매 맞아 잠든
한숨을 자르며

고생하신 아버지
땀 배인 체온을 자르며

인습의 질긴 오랏줄
체념의 뿌리를 자르며

끊일 듯 이어지는
애절한 가락의 넋두리를 자르며

바람에 흔들리는
불빛을 자르며

꽃불로 일렁이는
인고의 아픔을 자르며

모두 주고 마지막 남은
아득한 사랑을 자르며.

우시장(牛市場)에서

나를 불러주세요. 바람으로 나부끼는 우시장 허망한 울음이 숱한 나날을 불살라 다시금 잡아맬 여백이 있을 때 나를 찾아주세요.

굽은 논둑 뒷짐진 벼 줄가리 뿌듯한 숨결이 돌담을 돌아 스쳐 돌아서 아픔의 여울에 헛기침을 헹구며 토막 난 외침을 할퀴어 떨어진 생 비늘이 마이산 돌탑처럼 당신의 눈에 쌓이는 날.

손을 들어주세요. 불 꺼져 허물 벗는 우시장 발굽에 깔리는 워낭소리의 흐느낌이 지축을 흠뻑 적시는 소리로 잡아주세요.

서산촌로 별사(別詞)

요새는유 통 잠이 안와유.
분허기도 분허지만
돌아가는 낌새가 으영
마음에 들지 않느만유.
실제로 우리네한티
땅이나 파먹는 우리네한티
너매하긴 너매하구유.

아 글씨 말이나 들어보구
글네 옳네 하슈.
여기야 조상대대 물려감서
뼈 묻은 곳 아닝감유.
그런디 이런 날벼락이
어디 있대유.
세상에 이럴 수가 있대유.

아 글씨 홍분 안허게 됐나
들어나 보슈.
말이 나왔으니께 허지만유.
철따라 괴기도 잡구

멱하고 짐도 따구
뱃바닥 가득 뱃노래도 채우구
그렇게 살았잖능감유.

원첨 사는 게 어려워서
발목쟁이 닿는
얕은 개땅을 골라
지게루 흙을 나르구
바구리로 흙을 날라서
손톱만한 농토를
마련했잖능감유.

이제 쌀섬이나 먹을까허는디
저만치 멀리서
물을 막는대유.
바다를 막아서
어매 넓은 땅을 맨든대유.
어허둥실 춤이나
저리둥실 출 일이잖유.

그런디 말유
그게 큰 문제라 하대유.
우리네 삽으로 맨든
우리네 손톱만한 땅은
우리네 땅이 아니래유.
우리네 땀으로 맨든
우리네 땅이, 땅이 말이유.

포크레인이라든가
불도자라든가
폭약으로 넓힌
아이고 그 넓은 땅을 맨든
그 사람들한티
몽창 주어야 한 대유.
아 글씨 다 주어야 한 대유.

조상 대물림으로
쬐끔씩 쬐끔씩 둑 막구
쬐끔씩 쬐끔씩 흙 파구
쬐끔씩 쬐끔씩 늘인 땅이지만

아 그게 그냥 생긴 땅인감유.
뼈를 깎고 살을 저며서 장만한
앞가림이 아닝감유.

쑥국새 우는 신새벽부텀
배고픈 보릿고개
달라붙는 뱃가죽을 여미면서
삽질을 혔지유.
손마다 피멍이 들구
피멍이 삽자루를 붉게 물들임서
삽질을 혔지유.

아이는 뒷동산 휘드러진
진달래 꽃술을 따먹음서
치근치근 밥달래싸는디
그 고픈 배를
그 꺼지는 한숨을
침 한 번 꿀떡 생킴서
삽질을 혔지유.

그뿐만이 아뉴.
기왕지사 말이 났으니께 말이지유.
등깜이 몇 번이나 벗어졌는지
벗어진 등깜이 얼매나 쓰라렸는지
벗어진 등깜에
쓰라린 등깜에
새살이 돋기를 얼맨디유.

다 참을 수 있유.
증말이지 우리가 참아도
얼매나 참았는지 알유.
벼 거두어 간 논에
미꾸라지 숨어 겨울나듯
우렁이 숨어 겨울나듯
눈 감고 살아왔는디유.

그러나 모르는 게 있유.
우리네 맨손으로 맨든 땅이나
저네들 기계로 맨든 땅이나
땅 넓히는 것은

다 같은 것인디
애국이고 국토사랑이구는
똑 같을 것 같은디

우리네도 농사짓구
바칠 것 다 바쳤구
우리네도 농사짓구
모두 다 바쳤는디
우리네 땅이
우리네 땅이 아니라는 것은
증말로 모르겠유.

그렇지만 우쩐대유.
시방 우리가
시방 이 일을 우쩐대유.
내노라면 내놓고
나가라면 나가고
그르키 헐 수밖에 더 있남유.

그래도 충청도 끈끈한
눈물이 멍청도 끈끈한 심줄이
아직은 쬐끔 남아서
참아볼래유.
가꾼 대로 거두는
농토의 귓속말을 믿음서
기다려볼래유, 기다려볼래유.

* H건설이 매립하는 서산 모 지구의 노인이 불법무허 매립지라 하여 땅을 앗기게 되었는데, 보상도 받을 수 없다 했다. 어떻게 해결되었는지도 모른다.

3

마사니 투정기

빈 거죽만 남아서
속은 텅 빈
울림만 남아서
인고(忍苦)의 덧없는 세월만
가득 담겼으리니

아버지 마당 1

연탄재나 털며
서민 아파트
계단이나 오르내리던 아내는
미루나무 하늘 높은
아버지네 풋풋한 땅냄새를 맡고 있다.

보릿짚 푸숙푸숙 태우며
밥 짓는 아내,
그대는
얄팍한 월급봉투를 잊었는가,
가슴의 벽은 허물어졌는가.

두레박 깊이 퍼 올리는 솔바람
앞산의 두견이
옛날 그대로의 음색이다.

아버지 마당 2

사립문을 나서면
엎드린 능선(稜線) 아래
살아난 불꽃이
비밀스레 웃고 있다.

할머니 머리에서 나폴대던
하얀 모시 가닥이
달빛으로 비산(飛散)되어
다시 환한
돌담.

오늘도 토방에는
마을 다녀오시는 할아버지
바람 이는 헛기침이
삼태기에 담긴다.

아버지 마당 3

어둠의 방울을 흔들며
설친 잠 머리에
문살 빠져 나온
한줌 우리의 피톨.

단군왕검의 아침 뜨락
말씀의 정수리에서
도록도록 샘솟던 불꽃이
여기사 부서지는가,
춤 추는가.

마늘 냄새가
살며시 여미는 몸짓,
빈 족보에
들어앉는 또 하나의 얼굴,
멀어도, 고향 멀어도
내 안에 와 닿는 까치둥우리.

아버지 마당 4

매봉 솟아 넘어온
금강(錦江) 바람이
유구천(維鳩川)으로 치달리다
아버지네 마당에 숨죽인
보리짚이나 흔들면

도리깨 끝에서 후두둑
노간주나무 살과 뼈 부서져 내리고
신풀이 하듯 무섭게
돌리는 타원 따라
아내의 눈동자는 빙빙 돌아간다.

구름 먼 골에서
며느리 대대로 손때 절은
장롱 문짝에 내려와 잠든
학의 나래를 꿈꾸는가,
할미봉의 높이를 재고 있는가.

아버지 마당 5

금년에는 마련해야지,
벼르시던 할아버지가
한숨처럼 가셨다.

그 말씀은 살아
아버지 입가에 늘 맴돌더니
한식(寒食) 날에는
상석(床石) 위에 향연(香煙)이 피어올라
망주석(望柱石) 둘레를 감돌았다.

유세차(維歲次) ·····················
·····································
·······························상향(尙饗).

무릎 꿇은 마음처럼
햇살이 모였는지
자자손손(子子孫孫) 마주친 눈마다
할아버지가 계셨다.

아버지 마당 6

안경을 끼는 아내의 콧등에는
늘 자국이 나있다.

문명의 이그러진 생채기가
까마귀 소리처럼 보였다.

현대의 크리스트는
구원하지 않고 존재할 뿐인데

슬픔의 사멸된 법칙들에서
콧수염으로 강아지풀은 자란다.

아버지 마당 7

아버지는 늘
바지게 가득 쌓인 근심을
무거운 허리로 져 나르셨다.

열 손가락 불 지펴도
하나 서럽지 않게
고이 접힌 주름살에 쏟아지던 빛살.

찔레봉 중턱에
오늘을 지키는 고목(古木)이
아버지네 마당을
굽어보고 있었다.

아버지 마당 8

돌김을 샀다.

맑은 물 따라 노닐다
칼끝에 피어난 상흔이
묻어 있다.

바닷바람이
귀뺨을 때려도
무섭도록 아프게 할퀴어도
오만하던 자세.

부수어 냉국을 마시며
아내는
어떤 얼굴일까,
아이놈은
또 어떤 표정일까.

아버지 마당 9

다리 밑에서 주워 왔다는
독사 물린 뒤꿈치의
아득한 아픔을 활활 태우며
헛소리는 꽃잎으로 피어나고

어룽 속에서
꺼진 희망을 배웅하는
월척의 안간힘으로
부둥켜안는 손마디의 힘줄마다
성스러운 고통의 병정들이
불꽃 솟는 입술의
경련을 삼키고

꿈의 온돌방, 어머니 무릎에서
삭정이의 푸른 숨결이
낮도깨비 뿔끝에 매달려
유년의 뜨락에 들락날락
생명의 버럭을 밟는가.

아버지 마당 10

햇살에 실려오는 풍년가 저 편에
수염처럼 풀어진
장군야 멍군야
술사발 돌리다, 가끔은 호통도 치네.

어쩌다 불어오는 시조가락 틈새에서
나이처럼 늘어지는
시국정담 오가다
소시적 마누라님 생각, 눈물 글썽 찬바람

산등선 베고 누운 에고 데고 벗님네야.
깃발을 삼키며
피울음 땀 식힐 때
쾌치는 순간순간들, 황소시절 이쁜아.

나팔꽃

우리에게 아침은 있었지
아침의 골마다
나팔꽃은 피었지.

수덕사 돌계단을 오르며
어깨 숨을 쉬며
사랑이 주먹질한댔지.

손닿지 않는 외딴 섬
바다제비 꿈을
나팔꽃 피듯 이야기했지.

우리에게 꿈은 있었지
꿈의 골마다
나팔꽃은 피었지.

사모별곡(思母別曲)

투명한 힘으로 뿌리 내리는
양파 물가꾸기를 하면서
부끄럼 없는 일생(一生)이
그 속에 담긴 줄을 알았지

가진 것 모두
잎으로 키우고
그것도 모자라서, 모자라서
속살 뜯어
샛노란 잎으로 키우고

빈 거죽만 남아서
속은 텅 빈
울림만 남아서
인고(忍苦)의 덧없는 세월만
가득 담겼으리니

비바람 휘돌아
창문 두드리던 밤새도

고향 어머님은

부영이 울음소리 들으셨을까.

사부별곡(思父別曲)

지극한 기다림으로
허기를 지우며
칼바람에 맞서는
펭귄 새의 뜻겨움을 보면서

사랑스런 분신이
갸우뚱거리며 깨나올 때까지
얼음에 발을 묻고
포란하는 그대를 보면서

삶의 터전에 밀려오는
시린 외로움
일월의 아픔을 되새기는
그대를 보면서

나는 울어라
아버님 말없는 언어

저문 날 성성한 백발에

나는 느껴 울어라

* 암컷이 알을 낳으면 수컷이 약 2개월간 먹지도 않으며 알을 품어 부화시킨다는 펭귄의 부정(父情)에 자신도 모르게 눈물을 흘리다가.

뽈리나의 죽음

조화(吊花) 한 다발이 서럽게 우는
검은 둥지 속
팔팔한 새 한 마리가
모두의 가슴을 흔들었다.

뚝뚝 떨어지는 얼룩진 부스러기
몸부림쳐도
지워지지 않는 허물
목마르던 갈망의 빛깔은
한 겹 버걱이었다.

언뜻
일상(日常)의 바람이 멈추다 다시
살아나는 새소리.

무성산 채약(採藥)

산그늘 뻐꾸기가 저녁놀 쪼아내고
덤불숲 보금자리에서
놀란 토끼 뛰는데
부자(父子)가 두 손 맞잡고 산기슭에 나섰다.

마곡사 종소리를 숨쉬며 살았기에
늙은 나무 솔가지에
부처님이 떠있고
잰 걸음 큰 숨소리에 약초들이 모였다.

바랜 벽지 마주하고 해소로 누우신
할아버지 생각하며
개울을 건너자니
한 웅큼 모인 물 아래 빈 하늘이 숨었다.

벌초를 하며

웃자란 슬픔을 낫질하며
삭신 저려오는
마디마디의 아픔을
진혼의 흐느낌으로 자르는데

추억의 강 건너
하얀 눈물로 지워진
발자국을
뻐꾹새 한 풀어
바람결로 쓰다듬는데

남의 땅에 떠돌며
원한의 눈시울을 적시던
할아버지 영혼이
이놈들
네 이놈들
오늘을 꾸짖어 풀머리로 서는데

싸리꽃 지천인 벼랑 위
이끼 다보록한 비목에

움트는 손짓
한 줄 햇살이 바라보고 있다.

찔레꽃

사랑하는 사람아
부르면
하얗게 웃고 있었네.

빛이 되어
소리가 되어
목마른 바람이 되어

사랑하는 사람아
부르면
발치 세워 손 흔들었네.

사랑하는 사람아
그대,
사랑하는 사람아

마사니 투정기

태고의 양지쪽과는 달리
멍청도 금강변 마을에
털부숭이 마사니가 있었다.
그의 말(斗)질에는 언제나
소작농의 눈물이 따라다니고
배고픈 입투정이 터져 나오고
서산마루 지는 햇살처럼
뜨거운 앙금이 쌓이고 있었다.
배부른 환상을 위하여
지친 숨결을 몰아쉬던 농부의
허망한 일월이 무너지고
다시는 농사짓지 말아야지,
다시는 속지 말아야지,
그믐달 기우는 고샅에
찔레꽃이 부서지고 있었다.

일년 내내 땀인지 눈물인지 핏물인지 모르게 농사를 져 놓으면 마사니는 말을 들고 다니면서 타작마당마다 구멍을 뚫고 다녔느니라. 공주 갑부 김아무개네 문패를 들고 다니면서 말(斗)의 빛깔을 금빛으로 만들었느니라. 아무튼 동네 마사니가 타작마당에서 알곡을 헤아릴 때, 노인네는 장죽을 뻘끔거리면서 술 한 잔에 얼굴이 단풍졌고, 아이들은 벼무더기에 묻어놓은 씨암탉이 푸드덕이는 날갯짓만큼 목젖이 간지러웠느니라. 어렵사리 엮어진 일년의 세월이 차곡차곡 쌓이면 그래도 어깻죽지 아픈 터럭푼수나 되는 무더기에 농부들은 배가 불러 왔더니라. 그러나 그들은 마사니가 뚫어놓은 구멍 속에 머리끝에서 발끝까지 빠져버리는 자신의 모습을 보았느니라. 공주 갑부 김아무개네 마름인 정아무개가 와서 소작료를 받아갈 때, 그들은 마사니의 공평한 손놀림을 보았더니라. 정마름이 거두어가는 소작료는 알곡만 철철 넘치도록 쌓고 또 쌓아 열 말을 넣지 않아 한 가마니가 되는데, 소작인의 말에는 건숭건숭 스무 말이나 쏟아야 가마니가 설풋하였더니라. 일년 내내 고파오는 뱃가죽을 움켜잡으면서 농사를 지은 소작농이야 창자가 줄어도 많이 줄었을 테니, 조금만 먹어도 되리라는 마사니의 공평한 처사가 이러했느니라.

마사니는 겨우살이였다.
세상의 뜨거운 바람이
그의 죽은 가슴에 불을 지피면

굴참나무 옹이마다 살아나는
그런 겨우살이였다.
혼자는 뿌리 내릴 수가 없어서
저 혼자는 살아남을 수가 없어서
살아있는 나무 질긴 껍질 사이에
찰거머리로 붙어서
수액을 빨고 있었다.
모주(母株)의 잎이 떨어져버리면
더욱 선하게 일어나는 겨우살이.
아무도 없는 한천(寒天)의 문풍지에
은장도 퍼런 칼끝을 세우고 있었다.

너무나 아픈 눈물이 도랑을 이루고 시내를 이루고 강물을 이루면서 금강변 마을에 뼈마디 부서지는 아픔의 호곡소리가 끊이지 않았더니라. 힘깨나 쓰는 장정들이 염치도 없는 마사니를 혼내려고 했지만, 겁 많은 노친네들이 소작 붙은 땅뙈기마저 빼앗길까 두려워 말렸더니라. 기실은 그 마을의 땅이야 그들 아니면 누가 농사를 지을까마는 그런 뱃힘이 없었던 것은 너무나 고픈 배가 아려오기 때문이었을지니라. 마사니의 상투는 절로 높아가고 봄에 솟아나는 죽순마냥 하늘이 낮았더니라. 가을 추수 때 잘 봐달라고 억지춘향으로 받쳐주는 잔술마시기가 털부숭이 수염 쓰다듬기만큼이나 잔재미가 붙고, 소작인이 비벼대는 손바닥 기름냄새가 솥뚜껑에 기름칠한 산적만큼이나 고소했는지는 모를 일이지만, 마사니는 넓은 고샅에서 허허험험험헛 기침이나 하면서 다니는 꼴새가 꼴불견이었느니라. 똥이 무서워서 피하는 것은 아니더라도 소작인들이 미리 살살 피해다니니 발끝에 거치는 것이 없어 편하기는 했을 것이고, 여덟팔자 행보에 힘이 들어있는 것이 대단하기는 대단했더니라. 아무러나 뼈 힘 들이지 않고 거드름을 부리니 마사니는 사는 맛이 꿀맛이요, 꿀맛이 사는 맛이었을지니, 더욱 빛나는 면류관을, 고귀하고 성스러운 눈총의 면류관을 자랑스러워 했을지니라.

마사니는 두더쥐였다.
꼿꼿이 고개를 받쳐든
붉은 기개는 아닐지라도
새하얀 지조는 아닐지라도
보여주는 몸짓이 있어야 했다.
하늘을 우러러보다가

지심의 어둔 자락을 헤치며
감추어진 이빨을 갈고 있는 마사니는
싸리꽃 지천인 세상에서
아무것도 보지 못하고 있었다.
꽃향기 흐드러진 산동네 어귀에서
빛마저 눈부셔 외면한 채
지나온 자국의 잔털을 손질하며
비틀린 순간을 반추하고 있었다.

털부숭이 금강변 마을의 마사니는 망나니 중에서도 쓰레기다운 사내였느니라. 김부자 헛기침엔 이마를 조아리며 지당하신 분부만을 되뇌다가 마름 정씨의 소매깃 바람에 뱅뱅글 춤추다가 뒤돌아서서 소작인에게 눈 부라리는 마사니는 어른과 아이를 평등하게 대했느니라. 아이는 아이라서 해라에 놈자를 놓았고, 어른은 어른이라서 헤라에 놈자를 붙이며 헛방귀를 퉁퉁 쳐대니 마사니 앞에서는 마사니의 세월을 살아가는 것이더니라. 그러나 각설하고, 화무는 십일홍이요, 권불은 십년이라는 케케묵은 진리가 책갈피에서 눈 뜨고, 기지개켜며 먼지 털고 나오자 마사니는 꽁지 빠진 장닭이요 장팔사모 잃은 장비였느니라. 김부자네 땅이 소작인에게 돌아가고, 마름 정씨가 동네에서 얼굴을 감춘 날, 마사니는 머리칼을 쥐어뜯으며 울었느니라. 마을 젊은이에게 끌려다니며 동네 주리를 틀고, 동네 물볼기를 맞느라고 생똥이 목줄기로 솟았을지니라. 아무튼 그 무섭게 눈부라리던 마사니가, 술주정뱅이 마사니가, 온 세상 젠체하던 마사니가 세 살 먹은 아이에게도 손을 비비며 큰 절을 하는 날 뒷동산에서 빼꾸기는 목이 쉬도록 울었느니라. 떡갈나무 잎처럼 윤기 흐르는 동네 사람들의 웃음소리가 고샅을 수놓는 날 밥 짓던 부지깽이도 아리랑 타령이 절로 나오고 보릿짚도 푸숙푸숙 타들어가다가 후두둑 탁탁 박자를 맞추었느니라

태고의 양지 쪽인
멍청도 금강변 어느 마을에
털부숭이 마사니가 울고 있었다.
그의 눈물마다
소작농의 눈물이 번져있고
배고팠던 입투정이 무늬를 놓는데
서산마루 꽃노을에
산뜻한 초생달이 앉아 있었다.

이제는 일해야지
농사지어 잘 살아야지
내 땅을 가진 농부의 소망이
희망으로 엮어내는 세월이
아람든 밤송이에 채워지고 있었다.
장마로 쓸려간 모래 땅에
메밀꽃 하얗게 손짓하고 있었다.

* 마사니 : 추수할 때 마름을 대신하여 곡식을 되는 사람.

4

느티나무를 심으며

심은 대로 가꾸고
가꾼 대로 거두는 것이
어쩔 수 없는
우리네 자연인 것을
우리네 운명인 것을

계룡1경, 천황봉 일출(日出)

기다림의 눈물을 씻으며
둥기둥 해가 뜬다.
단아한 백제 후예들의 슬픈
허리띠를 풀어낸다.

옷고름 깨물고 참아온
억센 매듭을 이으며
여울로 흘러넘치는
너와 나의 아픔을 되새기며

둥둥 울리는 북채여,
살얼음 깨는 업고의 징채여!

* 계룡팔경 : 여덟 작품 모두 10구체 향가(鄕歌) 형식을 원용.

계룡2경, 삼불봉 설화(雪花)

귀밑머리 하얗게 지피던
어머니 손때 묻은 떡살무늬
산사(山寺) 풍경소리 낙수 지는
누이의 얼굴 같은 상사꽃

안개로 풀리는 비비새 울음에
청청하게 살아나는 초승달
해 지는 산허리
둥실 떠오르는 꽃송이

마디마디 꿈결로 흐드러져
넘쳐도 좋을 사랑아.

계룡3경, 연천봉 낙조(落照)

가슴 뜨겁게 놀라도록
우리네 얼얼한 숨결을 사랑하며,
화사한 노래를 부르며
단심(丹心)으로 꽃 피우고 있다.

서해 드넓은 품을 건너서
금강 푸른 이랑 지나서
대웅전 초성(草盛)한 골마루 비껴서
활활 살아나는 입김이다.

어허라 춤추는 깃발처럼
저리도록 애끓는 연가(戀歌)처럼.

계룡4경, 관음봉 한운(閒雲)

어쩌자고 너는, 어쩌자고
임 떠난 가슴에
수심(愁心) 짓는 꽃살무늬
치맛자락으로 떠 있는가.

어쩌자고 너는, 어쩌자고
곱다란 비구니
눈물방울 그 무량(無量)의
눈썹으로 떠 있는가.

몰라라, 그리움도 몰라라
화사함도, 다정함도 몰라라.

계룡5경, 동학계곡 신록(新綠)

학고개
눈부신 속살
걸음마다
움트는 춘정(春情)

산철쭉
쌀개능선
꽃그늘 자락마다
청아한 물소리

어둠을 펴내는
지심(地心)의 목탁소리

계룡6경, 갑사계곡 단풍(丹楓)

꽃불로 일렁이고 있다.
오리숲 굽이굽이에서
금잔디 고개 풀섶에서
용문폭포 언저리에서

꽃불로 서걱이고 있다.
나부끼는 청대 잎새에서
속절없이 설레는 잔물결에서
부엉이 목쉰 하소연에서

백일홍 꽃 지자
얼굴 붉히는 산아, 하늘아.

계룡7경, 은선폭포 운무(雲霧)

선녀가 놀다간 자리에는
맑은 전설이 열리더라.
옷 벗어 걸었던 나무가
하 천년을 기다리더라.

하늘도 놀란 물기둥
놀란 가슴 식히는 물기둥
앉았던 바위, 금 간 그 바위
꿈결인 듯 다사롭더라.

60척 단애에 학의 무리 내리는데
하얀 깃 부서져 갈피갈피 날리는데.

계룡8경, 오뉘탑 명월(明月)

이 가슴 영롱한 사랑을
그대 모르시나요.
꿈결에도 부여잡는 옷깃을
그대는 모르시나요.

누이의 그 마음 연분홍빛을
아느니라. 나는 아느니라.
그러나 어이하리, 누이여
이 한 몸 부처님에 바친 뒤이니.

서방(西方)으로 가던 달이
언뜻 머문 곳에 맴도는 풀피리.

연어

북태평양 물굽이 차가운 자락에 망향(望鄕)의 바람이 일어 어머니의 따뜻한 젖 줄기, 사랑하는 숨결의 고동, 질푸른 굽이마다 무지개로 펄럭이는 흙냄새가 나를 부른다.

닻 올려 모천(母川)을 떠나던 방종의 터럭을 알라스카 바닷물에 헹구고 베링 찬 물에 씻고 캄차카 부서지는 파도에 다시 부수어 어머니 나이에 어머니 마음으로 내리는 돛

용솟음으로 세운 깃발이 어둠의 속살 헤집고 초동(初冬) 까칠한 물길 따라 다부진 입술로 마르지 않는 사랑을 노래하며 기쁨은 기쁨으로 불티는 불티로 남아 머나먼 수만리 뜨거운 가슴을 식힌다.

노송(老松)의 겨울

요 몇 해 동안
태평양을 갈라 온 계절풍이
미친개처럼 짖으며
왕창왕창 물어뜯는데
열사의 장미처럼 술 취해
회오리바람처럼 춤추다 쓰러져 버린
여편네들의 속 고쟁이는
바로 꼴뚜기더군.
뼈 없는 다리로 거들쩍거릴 때마다
찌그러진 오한의 숨결이
칼바람을 치며 뛰더군.
내 하얀 속눈썹이
물가 따라 올라가며
쿠다닥 쿠다닥 물장구를 치더군.
청청한 울타리 안으로
겨울바람이 몰아쳐
뼈마디가 떨어져 나갈 때마다
동상 걸린 발가락이
까르륵 까르륵 간지럽게 웃더군.

수덕사에서

— A 스님께

산부리가 지켜온 오늘이 천겁이라
사파를 떠났으면
극락정토 들었거늘
그 누구 가슴을 치려 목탁소리 높던가.

한 잎 나뭇잎처럼 옷깃 여며 살다가
불심의 가운데를
말갛게 저어간다.
초랑한 비구니 눈망울, 달빛 가득 차던가.

뎅그랑 풍경소리, 두웅둥 범종소리
어둠을 가르는
끈끈한 외침 속에
개심의 물결이 인다, 물소리도 드맑다.

느티나무를 심으며

아직은 내 키보다 작은
느티나무를 심으며
꿈결로 다가서는
아람드리 모습을 그린다.
사방으로 돋아난
억센 가지의 숨결마다
조롱조롱 매달린 새들
기쁜 노래를 듣는다.

높지 않은 언덕에서 더 높게
희원의 갈기를
마음껏 흔들고자
우리네 청청한 마음들이
네 가슴 여린 곳을 허물어
옹두리로 만드나니
이제 아픔일랑
말끔히 씻어버려야 하리.

어려운 겨울을 나면
종달새 훈훈한 봄이 오고

봄이 오는 이랑마다
푸른 깃발이 펄럭이고
우리네 언 손이
우리네 언 발치가
우리네 언 가슴가슴이
여울처럼 흘러내릴 것이니.

나무야 느티나무야
마디게 자라는,
자람이 보이지 않게
더디게 자라는,
안타까운 마음을 버릴지어다.
생명의 손짓이 불러내는
신비의 눈을 떠
새로운 심장소리를 들을지어다.

우리네 주변에서
뚝딱뚝딱 빌딩이 솟고
언덕을 허물어대는
불도자 가쁜 숨소리가

깊은 잠을 깨워
고단한 일상
마구 덤비는 위험의 촉수가
흐물거리는 일상.

걱정할 필요가 없나니
심은 대로 가꾸고
가꾼 대로 거두는 것이
어쩔 수 없는
우리네 자연인 것을
우리네 운명인 것을
아무리 발을 굴러도
터럭의 한 끝도 바꿀 수 없나니.

깊어지는 그늘을
그늘로 받을지어다.
그리하여 섭리의 실을 감으며
높이 날개를 쳐라
쫙쫙 쏟아지는
소나기 아픈 눈물을 먹으며

너만은 깨끗한 지조를
우리네 지조를 보일지어다.

뽕나무밭이
바다로 변하는
어설픈 노래의 가락이
이 세상을 수놓을지라도
너는 느티나무이니
변할 수 없는
너의 본성은
우리네 엄숙한 꿈나무이니.

사방으로
우람한 가지를 뻗어
네 그늘에서 놀게 하라.
산새들이 깃들고
노인네 한가한 웃음이
푸른 잎사귀이게 하라.
매미처럼
아이들이 오르게 하라.

산에서 오는 바람은
산바람대로 맞으며
강에서 오는 바람은
강바람대로 맞으며
도회의 풀기없는 소리는
그냥 그대로를 받아
짜증 없는
나날이어야 하리.

그러나 나무야
우리네 꿈나무야
눈은 높은데를 보아야 하리.
먼 바다 건너
어느 낯선 아이들의
높은 산 너머
남모르는 아이들의
자라는 꿈을 보아야 하리.

아직은 내 키보다 작은
느티나무를 심으며

나는 손뼉을 치나니
꿈결로나 다가오는
고운 님 고운 숨소리를
맨발로 마중하며
뛰어나가 마중하며
나는 기쁜 노래를 부르나니.

심고 가꾸면
수고한 만큼 자라는
자라서, 자라서, 자라서
우리네 청청한 마음들이
우람하게 가지 벋는
내일을 심나니.
아직은 어린 묘목의
느티나무를 심나니.

시인의식(詩人意識)과 파수꾼 사랑

— 리헌석(李憲錫)의 시세계(詩世界)

조 남 익

시인, 문학평론가

1.

근자에 이르러 리헌석(李憲錫) 시인처럼 왕성한 정진(精進)을 보이는 이도 많지 않을 것 같다. 그는 도가니문학회를 창립(1976년 5인 공동창립)하여 《도가니》, 《오늘의문학》 등의 동인무크지를 발간하는데 핵심적인 존재로 주목의 대상이 되어왔다. 그만큼 《오늘의문학》(1986년 현재 13집)은 전국에 100여 명의 동인 분포를 둔 특이한 조직과 함께 그 문학적 성과 또한 해마다 높아갔던 것이다.

《도가니》, 《시도》 등의 동인활동에만 전력하던 리헌석(李憲錫)이 1982년 《시와 의식》 겨울호에 「겨울 징소리」, 「말씀」, 「正午」, 「눈발」 등으로 당선한다. 그리고 그 해가 가기 전에 첫 시집 『갈채(喝采)의 숲』(1982년)을 발간하고 있다.

그러나 리헌석은 이에 만족치 않고, 1984년 《월간문학(月刊文學)》 12월호에서 평론 「한국(韓國) 서사시(敍事詩)의 신지평(新地平)」으로 신인작품상에 당선한다. 이 평론은 김용호의 서사시 「남해찬가(南海讚歌)」를 통하여 한국 서사시의 새 가능성을 점검하고 있다. 이러한 시(詩)와 평론(評論) — 그것은 리헌석으로 하여금 우리의 기대를 부상시키기에 충분한 것이었다.

2.

우리 현대시사(現代詩史)의 주요한 흐름은 '언어(言語)'와 '의식(意識)'의 쌍륜으로 진행되어 왔다고 볼 수 있을 것이다. 이러한 특징은 한국시에 있어서 언어가 주체인가, 의식이 주체인가의 끊임없는 논쟁을 일으켜 오기도 한다. 특히 광복 이후의 세대에 와서는 '절정(絶頂)의 언어'와 '정신(精神)의 얼굴'은 날카로운 대립을 보이면서도, 또 일부에서는 그것들이 해체(解體)되는 새로운 갈래로 나타난다. 시의 강직성(强直性)은 풀어지고 극히 개인적이고 내밀한 비의(秘義)로 지향된다.

리헌석(李憲錫)의 시는 '의식(意識)의 시(詩)'에서 그 빛을 발산한다. 첫 시집 『갈채(喝采)의 숲』이 언어적(言語的), 서정적(抒情的)- 세계에 있었다면, 제2시집 『네가 시인(詩人)이라 하니』에서는 날이 서는 '의식(意識)의 눈'을 보게 된다. 표제가 되는 『네가 시인(詩人)이라 하니』도 그렇지만 그는 제2 시집에 와서 비로소 자기 자리를 분명하게 의식하고 있는 듯한 느낌을 준다. 그러나 그것은 이미 첫 시집에서도 그 싹이 숨어 있었던 것이다.

목소리도 얼어 붙습니다. 모두
잠들어 쉴지라도
몇 마리 새는 깨어 있어야겠지요.
맨발로 겨울을 나는
까치떼마저 울지 않으면
가슴의 살얼음은 누가 흔듭니까.
서릿발 속에 갇힌 보리싹은
누구의 노래로 일어납니까.
언젠가 봄은 오겠지요.
동지 섣달 정이월 지나면
기다리는 봄이야 오겠지요.
아버지 징채처럼 깔끄러운 손 비비며
참는 법을 익힙니다만 아직도
풀리지 않는 언 가슴에
징소리가 울립니다.
찬바람 흔들며 겨울에도 징소리는
갈기 세워 울립니다.

—「겨울 징소리」 전문

리헌석(李憲錫)은 출발에서부터 주체의식이 강한 '정신(精神)' 쪽에 서 있음을 알 수 있다. 이 시 〈겨울 징소리〉는 홍겨운 잔치 마당의 징소리가 아닌 것이다. 오히려 모든 것이 얼어붙고 삭막한 겨울에 홀로 눈뜨고 있는 자의 인동(忍冬)의 동아(冬芽)를 노래하고 있는 것이다. 〈찬바람 흔들며 겨울에도 징소리는/ 갈기 세워 울립니다.〉의 결구에서 보듯이, 분단시대의 지하의 밤에 켜놓은 촛불 같은 뜻을 보듬고 있다.

그러나 '의식(意識)의 시'도 그 언어적 완성은 시작상(詩作上)의 기본이다. 시의 치열성, 참신성, 긴장성 등이 존중되는 이유가 여기 있으며, 특히 상투어의 극복은 가장 일차적인 기본이다. 시의 내용이 되는 '의식(意識)'과 표현의 형식이 되는 '언어(言語)'가 서로 융합되어 혼연일체가 된 시에서 우리는 시의 최대의 이상(理想)을 보게 된다.

시집 『네가 시인(詩人)이라 하니』는 4부로 구성되어 있다. 제1부 〈몬테토로보 비망록(備忘錄)〉, 제2부 〈서산촌로 별사(別詞)〉, 제3부 〈마사니 투정기〉, 제4부 〈느티나무를 심으며〉 등이 그것이다. 리헌석(李憲錫)은 언어적 완성에도 고심의 흔적을 보이고 있으며, 시적 인식의 접근이 당당하고 정직한 의기(意氣)로 투시된다. 인식의 방법도 정면공략적(正面攻略的)인 수법(手法)이다. 우회하거나 필요 이상의 언어적 기교에 의존하지 않는다. 오히려 그는 투박한 음성 속에 자기의 독자성(獨自性)을 갖고자 한다.

Ⓐ 얼음장 밑에서도
미나리는

살아 있었다.
얼음장을
떠밀고 나올 수는 없어도
깨뜨려 부술 수는 없어도
두 눈을 흡뜨고
새날을 기다리고 있었다.

—「겨울 미나리」 첫 연

Ⓑ 하늘에는
솔개가 떴다.
푸른 하늘에는
비잉빙 살기가 돈다.
말못하는 벙어리 가슴에는
답답한 그들의
청청한 잎사귀가 떨어진다.

—「항변」에서

Ⓒ 나팔을 불다가 힘들면
쉬었다 불었다
가도 가도 끝없는 길을 나서듯이
한가로이 불었다.
마음이야, 마음이야
풍경소리도 듣고 싶어라
교회당 종소리도 듣고 싶어라.
그러나 너의 눈동자에 맺힌
끈끈한 원망(願望)을 떠올리며
배냇힘으로 불었다.

—「나팔을 불며」에서

리헌석(李憲錫)의 시는 형상력(形象力)의 튼튼한 구조 위에 의미의 선명함과 탁월함을 지니고 있다. 그리고 거기에는 시인의식(詩人意識)이 뒷받침된 파수군의 사랑을 보게 된다. 분노나 절규는 거의 억제되어 있으며 이성(理性)은 투명하게 깊이를 얻고 있다. 시 「네가 시인(詩人)이라 하니」에 보면 〈네 이웃의 억울함을 보라/ 네 이웃의 죽음을 보라/ 그들의 체온에서 비롯된/ 그들의 보이지 않는 손짓이/ 무엇을 가리키는지/ 무엇을 요구하는지/ 너는 알아야 하느니〉라는 구절이 있다.

이것은 그의 '시인적(詩人的) 선언(宣言)'이라 할 수 있는 것으로 그의 시인적(詩人的) 책무(責務)가 '나'에 있지 않고, '우리'에 있음을 뜻한다. 즉 '의식(意識)의 시'인 것이다. 그리고 일반적인 서정시에 비하여 이 계열의 시에서 리헌석(李憲錫)은 뛰어난 역량을 보인다. 이러한 그의 문학적 성과는 그의 앞날에 보다 밝은 촉망을 모으게 하는 것이 사실이다. 그 값진 정신(精神)과 진실(眞實)이야말로 정직하게 성숙되고 있는 길목에 들어서 있기 때문이다.

시 Ⓐ는 겨울 미나리 — 엄동 속에서도 깨지지 않는 생명력(生命力)을 키우고 있는 미나리를 통하여 절망을 넘어서는 빛과 의지(意志)를 담는다. 그것은 〈단두대의 이슬로 사라졌다는/ 루이 16세의/ 얼룩진 얼굴을 떠올리며/ 그의 압제에 울던/ 지순한 깃발들을 보는가〉(3연)에까지 이른다. 압제의 공포와 신음 속에서의 〈지순한 깃발〉로 승화되고 있는 것이다.

Ⓑ에서는 지상(地上)의 새들이 서로 싸우는 내용의 끝 부분인데, 이 때 공중에서는 솔개가 떠서 옳은 놈, 그른 놈 할 것 없이 모두들 나꿔갈 위기상황(危機狀況)을 그리고 있다. 이러한 상황인데도 〈듣고도 말 못하는/ 보고도 말 못하는〉 서정적 자아를 통하여, 벙어리 냉가슴 앓는 〈항변〉을 한다. 이 땅의 특수상황을 음미할 수도 있을 것이다.

Ⓒ의 「나팔을 불며」는 제목이 시사(示唆)하는 바와 같이 선각자적(先覺者的) 진실(眞實)의 외침이 주조를 이루고 있다. 〈끈끈한 원망(願望)을 떠올리며/ 배냇힘으로 불었다〉는 강렬한 시인의식(詩人意識)의 분출을 본다.

이러한 '의미(意味)의 시'에서 가장 경계해야 될 것은 언어의 과용(過用)일 것이다. 그러면서 시적 비전과 현실적 리얼리티 사이에서 어떻게 문학성(文學性)을 확보할 것인가는 최대의 관건이 아닐 수 없다.

리헌석(李憲錫)의 시는 적절한 어미(語尾) 활용, 새로운 시어(詩語) 선택, 서정성(抒情性)의 조화 등으로 문학성(文學性)에 신중한 성과를 보여주고 있다. 이 언어적 표현의 예술성 획득이 세련될수록 그의 시는 더욱 빛날 수 있을 것이다.

3.

다음으로 이 시집(詩集)에서 긴 시에 속하는 「몬테토로보 비망록(備忘錄)」과 「마사니 투정기」에 대한 우리의 관심(關心)이다. 이 시(詩)들은 창(唱)과 대사(臺詞)로 이루어져 있다. 창(唱)으로 노래하고, 산문(散文)으로 된 부분은 적절한 억양을 섞어 '주워섬기는' 것인데, 오페라 또는 판소리의 양식을 시에 도입한 새 형태인 것이다. 오페라에서 극시(劇詩)·음악·무용의 혼용(混用) 속에서 대사(臺詞)의 전부 또는 일부를 노래로 부르는 방식, 판소리에서 창(唱)과 대사(臺詞)를 광대가 혼자 두서너 시간씩 온갖 몸짓을 하면서 부르는 수법(手法)의 도입인 것이다.

시 「몬테토로보 비망록(備忘錄)」의 '몬테토로보'는 하나님이 기적을 발휘하기 위하여 바다에 던져버린 이스라엘의 산명(山名). 하나님은 자신의 전능(全能)을 보이기 위하여 이 산(山)을 바다에 던져 버리지만, 이 산(山)에 있었던 온갖 생물(生物)들(새, 벌레, 짐승)이 억울하게 수장되는 애소(哀訴)와 항변(抗辯)을 통하여 절대자(絶對者)와 평범(平凡)한 자(者)의 존재적 갈등을 표출한다.

> 어쩌란 말입니까.
> 당신이 키운 나무 등치에 있는
> 아아라한 둥지의 알
> 당신이 키운 나무 등치에 있는

뽀오라한 새끼새는
어쩐란 말입니까.

이것은 〈새〉의 애소 부분인데, 이에 대한 대사(臺詞)는 〈하나님의 오기 앞에서 그들은 그들의 눈물만을 보일 뿐이었느니라. 그들에게 더 큰 힘이 주어졌던들 그들은 하나님의 팔이며… 심장을 그냥 두지는 않았을 것이지만, 그들은 그냥 울 뿐이었느니라〉고 무력(無力)한 존재(存在)의 비애(悲哀)를 해설한다. 결국 초능력(超能力)과 평범(平凡)은 전제자(專制者)와 희생자(犧牲者), 통치자(統治者)와 피통치자(彼統治者)의 알레고리가 성립되며, 현대 사회의 획일주의가 빚는 모순과 만난다. 이 땅의 가장 근원적 삶의 양극(兩極) 구조적 조건이 설정된 관계인 것이다.

다음 「미사니 투정기」는 강자(强者)와 약자(弱者)로 구별되는 인간관계의 철학성(哲學性)이 가미된 작품이다.

마사니는 '추수할 때 마름을 대신하여 곡식을 되는 사람'인데, 이 〈마사니〉는 공주(公州) 갑부 김아무개네 정(鄭)마름의 끄나풀이다. 지주(地主)에게로 가는 몫에는 알곡이 넘치게 되고, 소작인(小作人)에게 가는 몫은 건숭건숭 되어 농민들의 원성(怨聲)을 사는 존재(存在)이다. 강자(强者)의 힘을 믿고 온갖 거드름을 피우며 농민 위에 군림하는 〈망나니 중에서도 쓰레기다운 사내〉인 것이다.

이는 강자(强者)에 붙어서 강자(强者)보다 한 술 더 뜨는 노예적 인간상(人間象), 자기 본위의 이익만을 좇는 순응주의(順應主義)를 고발한 것이다.

시(詩)에 창(唱)과 대사(臺詞)를 도입, 구체적인 인간(人間)의 삶이 제시되었다는 점에서 주목(注目)된다. 「마사니 투정기」는 변절적(變節的) 순응주의(順應主義), 한국인의 외세(外勢)지향적인 변절을 보이는 전광용(全光鏞)의 단편「꺼삐딴 리」와도 상통한다. 이 소설의 주인공 이인국 박사는 일제 강점기에는 친일파(親日派), 광복 직후엔 친소파(親蘇派)로 영화를 누린다. 1.4후퇴 때 월남해서는 친미파(親美派)로 돌변한다. 주인공 이인국이 상징하는 노예적 인간상, 변절적 순응주의는 한민족의 비극적 현대사의 단면과 만나는데, 리헌석(李憲錫)이 제시한 마사니가 바로 그러한 존재이다.

> … 김부자 헛기침엔 이마를 조아리며 지당하신 분부만을 되뇌이다가 마름 정씨의 소매깃 바람에 뱅뱅글 춤추다가 뒤돌아서서 소작인에게 눈부라리는 마사니는 어른과 아이를 평등하게 대했느니라. 아이는 아이라서 해라에 놈자를 놓았고, 어른은 어른이라서 해라에 놈자를 붙이며 헛방귀를 퉁퉁 쳐대니 마사니 앞에서는 마사니의 세월을 살아가는 것이더니라.…

이것은 대사(臺詞)의 일부인데 마사니의 졸렬한 인간성이 다분히 해학적인 표현을 얻고 있다. 리헌석(李憲錫)의 이러한 노력은 그 작품성(作品性) 성과를 속단하기 어려운 일이지만, 새로운 시도로서 높이 평가(評価)하지 않을 수 없을 것이다.

4.

리헌석(李憲錫)은 확실히 시적 비전, 시적 진실성(眞實性) 쪽에서 독자적인 논리성이 강한 시인이다. 흐리멍텅한 서정성(抒情性)에서 흔히 볼 수 있는, 구름잡는 주술성(呪術性)보다는 이념적, 조직적, 철학적 시의 구성이 우세한 느낌을 준다. 어쩌면 그것은 주지적(主知的) 현대시(現代詩) 경향에 또 하나 출구(出口)를 열 수도 있을 것이다.

고양이 목에
방울을 달지 못한 조상이
너무나 부끄럽습니다.
어둠이 있어서
대낮에도 달아날 수 있는
미궁이 있어서
그냥 저냥 살았습니다.
이제 위대한 생쥐의
새로운 면목을
깃발로 흔들겠습니다.
까만 점으로 떠 있는 독수리
그 앙칼진 갈기에
방울을 달겠습니다.

— 「백서(白書)」 전문

시는 정서와 관념의 결합으로 이루어지는 것인데, 이 시는 정서보다는 관념의 투명성에 의하여 시의 위의(威儀)를 드러내고 있다. 예리하면서도 깊이 있는 '예지'의 번득임인 것이다.

리헌석(李憲錫)은 누구보다도 문학적(文學的) 열정이 젊고, 예인적(藝人的) 기질과 학문적(學問的) 취향이 강한 시인(詩人)이며 평론가(評論家)이다. 그리고 그는 충청도적(忠淸道的)인 예절 감각과 정의(正義)에 굳세고, 지사적(志士的)인데, 그의 이러한 품성은 바로 참다운 시인기질이라 할 수 있다.

이 시집(詩集)은 그러한 그의 인간성(人間性)과 문학성(文學性)이 새로운 진경(進境)을 열고 있다는 점에서 많은 사람들의 사랑을 받을 수 있을 것이다.

네가 시인이라 하니

리헌석 시집

발 행 일 | 초판 1쇄 1986년 10월 20일
2쇄 1986년 11월 15일
3쇄 2016년 3월 3일
지 은 이 | 리헌석
발 행 인 | 李憲錫
발 행 처 | 오늘의문학사
출판등록 | 제55호(1993년 6월 23일)
주 소 | 대전광역시 동구 대전로 867번길 52(한밭오피스텔 401호)
전화번호 | (042)624-2980
팩시밀리 | (042)628-2983
홈페이지 | http://www.lito77.co.kr(홈페이지)
전자우편 | hs2980@hanmail.net

공 급 처 | 한국출판협동조합
주문전화 | (070)7119-1752
팩시밀리 | (031)944-8234~6

ISBN 978-89-5669-740-6
값 8,000원